Ecos Románticos

Gladys Depoveda

Reservados todos los derechos. No se permite la reproducción total o parcial de esta obra, ni su incorporación a un sistema informático, ni su transmisión en cualquier forma o por cualquier medio (electrónico, mecánico, fotocopia, grabación u otros) sin autorización previa y por escrito de los titulares del copyright. La infracción de dichos derechos puede constituir un delito contra la propiedad intelectual.

Ibukku es una editorial de autopublicación. El contenido de esta obra es responsabilidad del autor y no refleja necesariamente las opiniones de la casa editora.

Publicado por Ibukku
www.ibukku.com
Diseño de portada: Carlos
Diseño y maquetación: Índigo Estudio Gráfico
Copyright © 2017 Gladys Depoveda
ISBN Paperback: 978-1-946035-90-5
ISBN eBook: 978-1-946035-91-2
Library of Congress Control Number: 2017942633

ÍNDICE

AMOR VESPERTINO	9
DESTINOS INCONGRUENTES	10
HADO DEL DESTINO	11
SIEMPRE TUYA	12
TE ESPERO	13
TE EXTRAÑO	14
ILUSIÓN VIAJERA	15
AMOR EN SOLITUD	16
BUSCO TU RECUERDO	17
AMOR JUVENIL	18
BIELAS DE ENLACE	19
ROMANCE	20
DÍA DE BODAS	21
ENLACE	22
IDILIO	23
PROMESAS DE AMOR	24
AÑORANZA	25
ROMANCE PERENNE	26
ÉXTASIS	27
TRAJES DE NOVIA	28
ESPOSO	29
NOVIO	30
BIELAS DE LEALTAD	31
REMEMBRANZA	32
LOS HOGARES	33
TU AUSENCIA	34
HIMNO AL AMOR	35
ENCUENTRO	36
EL HADO	37
UN AMOR	38
PENSÁNDOTE	39
RECUERDO DE AMOR	40
ANHELOS	41
AMOR ETERNO	42
AMOR LEJANO	43
ENAMORADA	44
ECOS DE AMOR	45
AMOR IMPOSIBLE	46
DESTINO	47

AMOR IDEALIZADO	48
HORAS FELICES	49
PREMONICIÓN	50
AMOR PERDURABLE	51
UNA TARDE EN EL MAR	52
ALBORADA DE AMOR	53
ENAMORADOS	54
EN EL JARDÍN	55
DESPEDIDA	56
UN AMANECER	57
TÚ Y YO	58
AMOR FRUSTRADO	59
RAZONES PARA QUERERTE	60
TU RECUERDO	61
FELICIDAD TROCADA	62
AMOR INEXTINGIBLE	63
APACIBLE HOGAR	64
AMOR AUSENTE	65
ENCUENTRO FELIZ	66
MIS VERSOS	67
MI AMOR	68
NOS QUISIMOS	69
ALMAS ERRANTES	70
SEPARACIÓN	71
OASIS DE AMOR	72
LA TERNURA	73
EL AMOR	74
NUESTRO DESTINO	75
MI JARDÍN	76
TORRENTE DE AMOR	77
VERSOS PARA TI	78
AMOR EN VERSOS	79
BUSCANDO TU RECUERDO	80
RECORDÁNDOTE	81
NOSTALGIA DE TU AMOR	82
VENTURA DE AMOR	83
LA DISTANCIA	84
PROMESA POR CORREO	85
EL VERANO	86
AMOR ENTRETENIDO	87
AMÁNDOTE SIEMPRE	88
LOS DOS	89

NUESTRO DESTINO	90
ENLACE	91
AMOR DISTANTE	92
EXTRAÑÁNDOTE	93
HISTORIA DE UN AMOR	94
BONITO AMOR	95
ILUSIÓN PERENNE	96
RUTA DE TU AMOR	97
MENSAJE DE AMOR	98
PROMESA DE AMOR	99
AYER LEJANO	100
LA ROSA	101
ACOMPAÑAS MI DESTINO	102
TE NECESITO	103
FLORECE EL AMOR	104
RECORDÁNDOTE SIEMPRE	105
MI SUEÑO	106
TUS BESOS	107
NUESTRO DESTINO	108

Mi lira se refleja en constelaciones
Destellantes
Que irisan la fimbria
De quimeras fantásticas.
Recónditos sentimientos rigiendo
Enlace de almas palpitando al unísono
Embelesantes liras que celebran
Los ritos proclamando sagrada inmolación
Faros guiando idílicas
Ancoras del destino

ECOS ROMÁNTICOS

AMOR VESPERTINO

Era una tarde tibia,
La tarde más hermosa
Que el sol pudo dorar;
Cuando callaron mustios
Los gritos de la pena
Y allestes mariposas
Danzaban al azar.
En esa tarde estiva
De acrisolada lumbre;
El eco de los besos
Sellaba nuestro amor.
Cuando dos almas funde
La fuerza del destino
Libando de la misma
Anfora de ambrosia;
Se concatena el soplo de la vida.
Tú y yo somos dos almas
Atadas al anhelo,
Que vibra a los arpegios
Del verdadero amor.
Si la vida claudica
La ilusión no fenece,
Seguiremos atados
Hasta la eternidad

DESTINOS INCONGRUENTES

Fuimos novios y amigos;
Nos separamos por
Distintos rumbos,
Con incognito anhelo.
Rendimos nuestras vidas al acaso
Y la tristeza despertó los sueños.
Ahora estas mas allá
De la nostalgia
Donde se encuentra el día con la noche;
Si pudieras decirme que me esperas
Como esperan las aves del estío.
Yo no puedo acallar
Mi ardiente anhelo
Ni olvidar que te quiero
Ilusamente.
Despejadas las sombras
Del ayer,
Te busco en la oquedad
De la distancia;
Como vivir teniéndote
Tan lejos,
Si estas en la razón
De mi esperanza.

HADO DEL DESTINO

Unidos por el amor y la nostalgia
Como el ave y el tiempo soñadores
En iridio y azul la vida hilvana
Nuestros nombres en la raíz
Del horizonte.
Nunca te sientas solo
Que yo seré la diana
De tus sueños
Estaré en el remanso de
Las tardes y en el alegre
Florecer del día.
Que esta foto te diga
Lo que mis labios
No pueden balbucir
Que surque el infinito
En copos de ilusión
Y presa entre tus manos
Sutil y veleidosa
Te de mi corazón
Para que palpite en
Tu vida para siempre.
Somos pasajeros
De un mismo destino.

SIEMPRE TUYA

Solo tengo mi amor
Para ofrecerte;
Inmenso corazón
Para adorarte;
El resto de mi vida
Para amarte;
La ternura y la sed
De embelesarte.
A la luz de la luna
Pienso en ti.
Aunque el cielo este triste
Yo también pienso en ti.
Mi sentimiento sigue
La ruta de tu corazón.
Bendito sea el ayer
Que despejo el estío.
Bendito sea el ayer
Que fustigo mi anhelo.
No dejes que marchite,
Mécelo en tu recuerdo;
Bajo el azul del cielo
En el cristal de sueños
Libemos al amor.

TE ESPERO

Te espero donde el cielo
Reclina en el mar la frente;
Donde la brisa canta
Un himno a la esperanza;
Donde las montañas
Desafían el futuro,
Y las llanuras portan
Un mensaje de Paz.
Allí siempre te espero.
Estoy lejos de ti,
Y aun estando a tu lado
Yo te extraño.
Quiero,…..quiero besarte,
Recorrer a senda
Teniendo la ternura
De tus besos.
Reclinarme en tu piel
Vivir el mismo instante.
Si yo pudiera conquistar
El tiempo
Al cielo le pidiera:
Terminar esta ausencia
Que me quema;
Y un manojo de noches
¡Sin auroras!

TE EXTRAÑO

En el dulce embeleso
Del ensueño te llamo.
Te llamo..., y solo
Encuentro tu recuerdo.
¿Por qué no estás aquí?
¿Por qué no estoy allá?
Quisiera estar contigo
Para poder amarte;
Quisiera estar contigo
Perdida en el idilio.
Quiero vivir de amor
Atada a tu destino.
Mi pluma que derrama
El llanto en cada letra,
El eco de tu voz.
¿Cuándo podre tenerte?
Y sentir la alegría
Que ha escapado
En tu ausencia.

ECOS ROMÁNTICOS

ILUSIÓN VIAJERA

Si pudiera rescatar el pasado,
Esculpir lo que pudimos ser,
Preguntarle a las musas
Si esta sed de tus besos
Puede calmarla el llanto.
Yo estoy triste…triste,
Abrazando tu imagen,
Arrullando mi amor
Con tu cariño;
Vislumbrando un mañana
Bajo una misma nube
De quimeras.
Más no debo extrañarte,
Yo te llevo en el fondo
De mi alma,
Como llevan las flores
El aroma,
Como brilla la luz en el isondi
Cual destellos de
Visos en la aurora.

GLADYS DEPOVEDA

AMOR EN SOLITUD

Apoyada en el rigor
De una escalera,
Escuchaba el silencio
De mi casa vacía.
Tu nombre resonaba
Como nota sutil
De tu recuerdo.
La lluvia caía,
Los arboles mecían mis sueños;
Las nubes desfilaban descifrando
El mensaje del tiempo
Y contigo mi mente divagaba
Por los misterios
Que la noche guarda.
En la solitud me deleitaba
El aroma de tus sentimientos,
Arrobando mi corazón;
Tus labios distantes
Dando calor a mi vida;
Los sueños del ayer
Refulgiendo en el
Horizonte;
Tus manos implorantes
Sujetando las mias;
Mi pensamiento sumergido
En el sortilegio
De tu fantasia.
Tu mirada extasiante
Iluminando mi añoranza.
Un anhelo infinito
De arrobar tus ilusiones.

Compuesta durante mi práctica médica
Woodville State Hospital Pittsburgh, Pennsylvania, USA 1989

BUSCO TU RECUERDO

La esencia de las rosas
Me trajo tu mensaje,
Con la fragancia
De una promesa;
El color que dio vida
A la esperanza
Y olvido la nostalgia.
Desde entonces adornan
El vitral de mis sueños.
Tersura de ilusión.
Las contemplo obnubilada.
Cuando la pena de tu
Ausencia escolla,
Escapa el alma
En pos de tu recuerdo
Para seguir la huella
De las rosas.
Busca solaz entre
Su tersa fimbria,
Por acercarse a ti
Besa... las rosas.

AMOR JUVENIL

Para Germán

Que pensarías
Si te dijera
Que fui tuya
La noche de tu ausencia,
Contemplando el cielo
Perseguí tu recuerdo
En alas del insomnio.
Cuando regresaste
Mi corazón estaba adormecido.
Era una amistad juvenil.
Compartimos tantas horas
Llenas de alegría.
Recuerdo el día que
Me rescataste en la laguna,
Cuando las olas me alejaban
De tus brazos.
El capullo de tu afecto
Marchitó con la espera
Cuando me suplicabas
Ya no podía quererte.
Te fuiste para olvidarme
Tu recuerdo ha quedado
Grabado en mi memoria
Añoro tus serenatas
En noches estelares.
Aún eres el amigo
Más preciado, más fiel
Que surca mi pensamiento.

BIELAS DE ENLACE

Hacinas de ilusiones
Nimbando el anillo de bodas
Con pétalos de anhelos..
Prístinas esperanzas
Como gotas de lluvia
Refrescando el Edén.
Se entrega el alma
En cada beso,
Se ofrece el corazón
En las caricias.
Fundidas las dos vidas
Florecen en capullos de amor;
Con una sola meta
La esencia de idolatría.
La relación matrimonial
Es impoluta,
Transparente como el cristal.
Las desavenencias
Pasajeras,
El juramento eterno.
Presagio de felicidad
Veleidoso símbolo
De perdurable inmolación

ROMANCE

Para Heberto, mi esposo

Idilio de caricias y ternura
Epopeya de entrega
Y de promesas.
Sombras de incomprensión
Amenazaron el hado
De nuestro destino,
Cimentado en el glíptico
Mensaje de nuestros ideales.
Recónditas en mi alma
Están las flores
Que dulcemente
Cultivo tu amor...
Palidecieron de penar y hastío
Durante el lapso lejano
De tu ausencia.
En el umbral de la esperanza
Renacen los ensueños,
Tachonados con luz
De amor eterno.
Iluminando el horizonte,
Iris de ilusión
Capullos de alabastro.

July 31^{frst} 2009 Pittsburgh

DÍA DE BODAS

Para Alberto y María Camila

El día de la boda,
Sol esplendoroso
Enlace de los sueños,
Eslabón de la felicidad.
Unidos recorrerán las rutas
Que el destino ha señalado,
Tachonadas de sorpresas,
Con el colorido de eterna primavera.
El amor impoluto
Iluminara la senda
Con auroras radiantes.
El templo del hogar
Será eco de armonía,
Inmolación;
Donde Dios reine
Con su omnipotencia y bondad.
El fervor del juramento
Mantendrá la fragancia
De las flores de boda.
Crepúsculos ornados
Con arreboles de fantasía.

ENLACE

Para Craig y Amanda

Elipses paralelas
Que el destino ha unido
Por el amor y la Fe.
Promesas que acrisolan
Ilusiones,
Juramento que perdura
Hasta la eternidad.
Capullos de esperanzas
Florecen al amanecer.
Hay briza que armoniza
Los atardeceres;
Estrellas van de ronda
En busca de los sueños.
Se iluminan los
Eslabones del Hado
Con fanales de comprensión.
¡Ah! ¿Que predicen?
¿Las hadas del porvenir?
Que juntos forjaran
Metas ineludibles
Y construirán el nicho
Bajo el azimut.

IDILIO

Para Heberto mi esposo

Tanto añoro ese tiempo
En que juntos soñábamos
Con un nido de amor.
Sentimiento juvenil
Encadenando nuestras esperanzas,
Sinceras demostraciones
De afecto.
Olvidados de todo
Construimos un nicho
Para los dos.
Erinias surcaban nuestro cielo
Con mensajes idílicos;
El sol iluminaba
Nuestro sendero;
Solo había flores
En nuestro jardín.
Recorríamos el mismo sendero;
Nos despertaban
Las mismas auroras;
La sinfonía de las horas
Resonaba solo
Para nosotros.
Que halagüeña realidad
¿A dónde vuelan?
¿Nuestras ilusiones?
¡Es tiempo para recordar!

PROMESAS DE AMOR

Como fuentes danzarinas
Esparciendo sus cristales
Son ofrendas de ilusión.
Enlazadas cual guirnaldas
En parcelas de esperanzas;
Se tejen las promesas
En alas de ensoñación.
Serán perlas lucientes
En conchas nacaradas
Ofreciendo sus perfumes
En míticos carruajes.
Frescas, lozanas,
Aunque distantes,
Se mecen al arrullo
De liras armoniosas.
Son joyas del futuro
Que brillan cual estrellas
En noches apacibles
Titilando en la fimbria
De los sueños
Para decorar los corolarios
Del tiempo.

AÑORANZA

Después de una larga
Ausencia
Te he encontrado
En la fimbria
De mis pensamientos.
Te recuerdo
Altivo y sensitivo,
Cuando me mirabas
Brotaban capullos de alegría,
Porque había aun
Rosales florecidos
En mi corazón.
Deja que te quiera
Con la furtiva
Ternura de mi alma.
Con aluviones de
Fascinación.
Con la profundidad
De mis sentimientos.
Rodeada de la fantasía
De tus sueños,
Viajo a tu encuentro
Te cuento mis cuitas;
Y como cuando
Eramos jóvenes,
Beso tus labios
¡Con emoción!
Extasiada en la ilusión.

ROMANCE PERENNE

Promesas de ilusión
Almas inmoladas
Por la llama del amor,
Flameando en el recóndito
Laberinto de los corazones,
Con juramento de
Eterna dedicación.
Desafiando los azares
Del camino;
Iluminando el futuro
Con una promesa.
Horizontes destellantes,
Días sin ocaso
¡Sol eterno!
Ilusiones meciéndose
En los portales del destino.
Sueños navegando
Hasta el infinito,
Evadiendo tempestades;
Amainando las olas;
Aferrados a las anclas
De la devoción
Y de la Fe.
Al final de la jornada
Cosechando los triunfos
De una entrega sincera.

ÉXTASIS

Enjambre de anhelos
Surcando caminos paralelos
En busca de la
Esquiva felicidad
Que juntos atesoraremos.
Sueños rozando el infinito
En los confines
De la eternidad.
Se sublima el alma
En cada beso;
Se entrega el corazón
En las caricias.
Amor puro, amor idealizado,
Amor sutil;
Que remonta los
Más nobles ideales;
Eleva el espíritu
A alturas elusivas
Perpetua llama
Inmolando las almas
En la pira sagrada del hogar.

TRAJES DE NOVIA

Visten los sueños de las novias
Con blancos capullos de azahar.
Anhelos peregrinos
Cual ilusiones viajeras
Iniciando el vuelo del amor.
Radiando tras de
Los velos,
Hay promesas de felicidad.
Almas inseparables unidas
Por una eternidad.
Demarcando el futuro
De dos vidas
Con destinos gemelos,
A la zaga
De nuevos horizontes.
Solo hay luz,
Todo es alegría,
El juramento florecerá
En tiernos capullos
Del ensueño.

ESPOSO

Para Heberto mi esposo

Eres el sol
De mi futuro;
Puedo confiar en ti
Mis ansiedades.
A tu lado
El tiempo pasa
Sin medida.
Orgullosa te llamo
"Esposo"
Compartimos el paso
De los años;
Juntos construimos
El nicho
En el confín
Del horizonte.
Como una unidad
Inseparable,
Que se extasía
En la dulzura
Del hogar.
Y en los alicientes
Que brillen en el
Zenit.

NOVIO

Para Rolando

Eres el ideal
Que he buscado
Desde siempre.
Tu finura
Ha embriagado
Mis sentidos.
Me he acostumbrado
A ti.
No hay felicidad
Sin tu presencia.
El amor ha
Transformado
Mi existencia.
En rutilos amaneceres
Pienso en ti.
Te presiento
En las horas
Del día.
Estas en todos mis sueños
Acompañando mí destino
Cual estrella
Embelesante.

BIELAS DE LEALTAD

Símbolo del
Amor conyugal;
Dos almas hechas
Eternamente una;
Compartiendo los episodios
Del destino;
Riendo y llorando
Al unísono.
Vibrando con la emoción
De los sentimientos;
Apoyándose mutuamente;
Alejando la soledad.
Cultivando flores;
Evadiendo espinas;
Ataviando
Capullos de anhelos;
Escribiendo
El poema
De la vida.
Inculcando
Paradigmas de Fe
En grutas de devoción.

REMEMBRANZA

Yo traigo del amor
Que me ha inspirado
En mis recuerdos
La dulce fimbria
Que emociona el alma.
Guardo de las flores
El aroma;
Las voces de arrullo
Romance del ocaso
Arpegios del relente.
El arrobamiento
De los encuentros
Bajo el titilar
De las estrellas;
Los besos y caricias
Resonando en mi piel.
Su imagen
Siempre en la mente,
Acompañando el
Pensamiento;
Demarcando mi futuro;
Iluminando
Mi camino;
Alegrando el
Pasaje del tiempo.

ECOS ROMÁNTICOS

LOS HOGARES

Recintos donde
Se fabrican los sueños
Albergues de
Privacidad,
Que han evolucionado
Con el progreso
De la civilización.
Desde humildes
Chozas de forraje;
Penates escarpados
En la tierra;
Techos de hielo;
Isbas de madera;
Hasta holgadas
Construcciones
De perdurable estancia
Que desafian el tiempo
Abrigan tradiciones
Rinden pleitesía a los
Paradigmas de la estirpe
Que acreditan el extenuante
Devanar del tiempo
En donde se estrechan
Lazos de afecto,
Y se rinde culto
Al amor.

TU AUSENCIA

Todos mis pensamientos
Son para ti;
Para ti que hiciste
Florecer mi poesía.
Por ti mi alma languidece
Cual luz que agoniza
En el poniente;
Porque tu ausencia
Hiere como si fuera
Polvo del invierno.
Las distancias son
Más lejanas sin tu compañía,
Desde tu despedida
El cielo esta gris
Y llora tu partida.
En vano mi alma
Busca la placidez
De las montañas,
Para calmar el hondo
Penar de mi añoranza.

HIMNO AL AMOR

Sentimiento que une
Las almas
Por una eternidad.
Lazos de contemplación,
Profunda emoción.
Seres que vibran
Al unísono de una
Melodía celestial;
Arpegios de amistad
Que resuenan en el
Ambito del
Subconsciente
Con campanas
De felicidad.
Es un dulce
Vasallaje
Material y espiritual
Que resuena
En el infinito.
Como liras edénicas.

ENCUENTRO

El encuentro
En esa mañana soleada
Trae recuerdos
Indelebles.
Tomaste mis manos
Entre tus manos,
Y soñamos
Con un futuro
Pleno de amor,
Que la distancia
No puede
Ensombrecer
Porque es eterno
Y verdadero.
Como las horas
Tu imagen viene
A ilusionar
Mi pensamiento,
A acompañar
En la marcha
Del destino
Mi anhelo.
Como noria de
Esperanza.

EL HADO

El destino
Sin consideración
Nos separo,
Invadiendo de melancolía
Nuestras almas,
Dejándonos famélicos
Dejándonos nostálgicos
De amor.
Cubriendo de sombras
Nuestro cielo
Con la remembranza
Del ayer florido;
Fabula de los
Sueños,
Que a cada
Instante revive
Nuestra anhelo.
Facsímil de las
Horas que juntos
Compartimos,
Divagando
Incesante
En el recuerdo.

UN AMOR

Creí en ti,
Te quise mucho
Y te llame mi amor.
Correspondiste mis
Sentimientos,
La felicidad
Nos sonrió.
Mas la suerte
Inmutable
Nos separo.
Nuestro lirico amor
No desfalleció.
Despejamos las
Sombras con firmeza,
Fuimos bastiones
De esperanza.
Hoy cosechamos
El fruto de nuestra Fe.
Nos encontraremos
En el umbral de
La ilusión,
Para celebrar nuestra
Lealtad.

PENSÁNDOTE

Estoy pensando en ti
Para alegrar los
Fanales de la aurora,
Iluminar el día.
Eres concatenación
De mis ilusiones.
Ferviente mana
De mi cariño.
Doquiera que
Yo voy
Tú me acompañas.
Paso a paso
A mi lado
Te recuerdo;
Tomados de la
Mano
Como símbolo
De adoración.
Hincados en votos
De perenne cariz
Subyugados por el
Destello de
Encuentros fugaces.

RECUERDO DE AMOR

Un recuerdo de amor
Grabado en mi memoria
Como rosa
De color.
Regalo de tus
Sentimientos
Que perdurara
Por una eternidad.
Extasis del alma
Inspirando mí
Pensamiento;
Guiando mí destino;
Conduciendo
Mi barca
Por los mares
De la vida.
Apaciguando
Las tormentas
Con brisa
De ternura.

ANHELOS

Extasis de amor
Y de recuerdos
Acariciando mis sueños.
Delirio de ternura
Conquistando
La distancia.
Vuela mi pensamiento
A tu lado
Para expresar
Cuanto te quiero.
Vehemente sentimiento,
Eterno amor.
Cofre de ilusión
Que guarda
El anhelo
De mi corazón.
Es una dulce
Espera
Quimeras de
la irrealidad
Nimbando
Tu encuentro.

AMOR ETERNO

Nos dijimos
Tantas cosas dulces,
Y tantas otras
Dejamos de decirnos.
Callamos por orgullo
O porque no encontramos
Arrulladoras palabras.
Fue un amor
Ideal y sincero.
Inmenso como el mar;
Imperecedero como
Irídeas de luz;
Insoldable
Como el infinito.
Inexorable
Como mi anhelo de quererte
¡Tanta ternura!
La expresión
De las caricias.
Sentimiento
No realizado
Que destellara en la
Fimbria del tiempo.

ECOS ROMÁNTICOS

AMOR LEJANO

Dime si alguna vez mi
Recuerdo fulgura
En los lares
De tu pensamiento.
Si nuestro pasado
Aun encadena
Tus sentimientos.
Tantos sueños tejidos
Bajo cimbeles
Del romance,
Iluminados con el
Sol de la ilusión.
El esquivo destino
Nos señalo
Rutas diferentes
Ornadas
Con augurios
De ensueño.
Que aun brillan
Como estela
En la constelación
Del optimismo.

ENAMORADA

Es un amor
Sin distancia
Y sin medida:
Te contemplo en la
Luz de los astros;
Cual radiante constelación
Te recuerdo
Al paso de la brisa.
El eco de tu voz
Resuena en mí
Existencia.
Te presiento en las
Mañanas soleadas;
Los atardeceres
Murmuran tu nombre.
Te extraño en los días
Y te sueño
En las noches.
Palpita la ilusión
En la fimbria de mis sentimientos.
Que dulce es el vasallaje de tu amor.

ECOS DE AMOR

Me obsequiaste
Tu recuerdo.
Cuando pienso en ti
Flamea en mi alma
La emoción.
Destello de las
Noches de insomnio;
Centinela
De los días;
Color de la
Ilusión.
Un amor imposible
Enlaza nuestras vidas;
Ensombrece
El iris de la aurora;
Marchita
La esperanza.
Umbría del jardín
De ensueños;
Te encontraré
Algún día
En el oasis del destino.

AMOR IMPOSIBLE

Hay una barrera
Invencible
Que separa
Nuestras vidas.
Enajenante amor
Sublime ensoñación
Une nuestra
Existencia.
Desde que te
Conocí
Hay una ilusión
Anclada en el
Devenir
Acrisolando el
Horizonte;
Iluminando el destino;
Acallando
La nostalgia
De no verte;
Haciendo imposible
El olvido.

DESTINO

Hay barreras inabordables
Nubes de nostalgia
Que separan
Nuestras vidas
Limitan la espontaneidad,
Marchitan
Las ilusiones.
Que florecían en el
Horizonte.
Embelesante hubiese sido
Realizar nuestro amor,
Tenerte entre
Mis brazos
Y entretener las horas.
De nuestro
Noviazgo
Me ha quedado
Tu recuerdo,
Y los versos
Inspirados
Por tu amor.
Esculpidos en el
Vitral de la
Existencia.

AMOR IDEALIZADO

Es un amor
Sutil y espiritual
Que trasciende
El tiempo
Y la distancia;
Inscrito en el
Escudo del idealismo.
No he podido
Olvidarte.
Como olvidar
Tus manos cariñosas;
El magnetismo
De tu personalidad;
La ternura
De tus besos.
Tu recuerdo
Señalando mí
Futuro;
Iluminando mí
Pasado;
Destellando en el horizonte
Disipando la
Nostalgia;
Constelación demarcando
El infinito.

ECOS ROMÁNTICOS

HORAS FELICES

Tomados
De la mano
Recorrimos la playa
Y juntos jugamos
Con el agua.
La brisa murmuraba
Nuestros nombres;
Las olas arrullaban
Atesorado encuentro;
El tiempo
Pasaba inadvertido.
La felicidad
Merodeaba
En la visión del porvenir.
Mas el destino elusivo
Nos señalo
Caminos diferentes,
Y nuestro amor
Solo perdura
En el recuerdo.
Reflejos de negada ilusión.

PREMONICIÓN

Con el tiempo
Se borraran las huellas
Del camino que juntos
Recorrimos,
Pero tú recuerdo
Permanecerá indeleble
Por una eternidad;
Engalanado de ternura
Fresco y perfumado
Como el espejo
De la juventud.
Dara Paz
Y alivio a la tristeza,
Y el ansia de esperar
Desvanecerá.
El eco de tu voz
Resonara cerca de mí
Sera presagio de inmolación
Corolario de fantasía
Hégira estelar
En galaxia insondable.

ECOS ROMÁNTICOS

AMOR PERDURABLE

La iridiscencia
Que al amanecer
Celebra los días
Trayendo tú recuerdo,
Es el velero
Que conduce mi destino;
Eco del transcurso rutinario.
Un amor
Que trasciende
El desafío del
Intangible tiempo
Transida separación
Perdurable
Más allá
De las quimeras;
Que mitiga
La pena
De no verte;
Se proyecta
En el futuro;
Ilumina la senda
Inherente a la eternidad.
Ungido por la Divinidad.

UNA TARDE EN EL MAR

No sé si tú recuerdas
El día que estuvimos
En el mar.
Era una tarde radiante,
Adornada con tu presencia.
El sol nos miraba
Y sonreía de
Nuestra vanagloria.
Horas felices disfrutando
La frescura de la playa;
La brisa
Acariciando
El delirante amor.
Las aves surcaban
El infinito celebrando
Ese cariño inmenso.
Mientras nosotros
Soñábamos
Ajenos a nuestro
Esquivo destino,
Inmarcesible devanar de los
Eslabones del éxtasis.

ALBORADA DE AMOR

Me sorprendió tu amor
En el ámbito
De la juventud.
Capullos de esperanzas
Florecieron
Y adornaron mi adolescencia.
Permanecen frescas
Cual nuestro amor de ayer;
En la celebración de hoy;
Y la luz del futuro.
Qué hermoso hubiera sido
Disfrutar esa ilusión
Innata y juvenil,
Sentimiento impoluto
Que salva
Todas las barreras;
Que sobrepasa
La distancia;
Que vibrara sutil
En el destello de las
Alboradas.
Cual visión refulgente
Por toda eternidad.

ENAMORADOS

Érase una vez
Una pareja
De enamorados
Separados
Por la distancia.
La sinfonía del arrobamiento
Resonaba permanentemente
Como harmonía
De la esperanza.
Reclinaban las tardes
Con aroma
De recuerdo;
Y en las noches
Los unían
Los sueños,
En el mágico
Misterio
Del amor.
Enlazando.
Mirifico destino.
Como lenitivo a
La nostalgia.

ECOS ROMÁNTICOS

EN EL JARDÍN

Que plácido fue
Aquel día
En que juntos
Tomados de la mano
Paseábamos
Por el jardín.
Las flores
Nos miraban
Y alegres parecían
Repetir
Nuestros nombres,
Pleitesía cromática.
Los nardos
Y las rosas
Proclamaban
Nuestro arrobamiento.
La brisa fresca
Y perfumada
Con furtivo beso
Sellaba
La sinceridad de
Nuestros sentimientos.
Los rayos de sol
Festejaban con
Brindis fulgurantes.

DESPEDIDA

El día que tu
Te fuiste
Los rayos de sol
Palidecieron.
De nubes se cubrió
Mi futuro;
Mi pensamiento
Ensombreció.
¿Por qué no pudimos
Ser felices?
Si tanto amor
Unía nuestras almas;
Compartíamos los mismos
Anhelos,
Ambicionábamos
Un mismo futuro?
Tantos proyectos
Por realizar;
Tantas caricias divagando
En el vacío.
¡Ah! Pero fuimos fieles
A nuestro pasado
Gendarmes
De nuestro deber.

UN AMANECER

En un día
Como este:
Radiante y majestuoso,
Recorríamos el
Sendero de la vida;
La luz filtraba
Los caminos
Del amanecer.
Los colores
Brillaban en el
Zenit;
La calma reinaba;
Las nubes
Reposaban.
Solo contaba
La vehemencia
Zurcida en nuestros
Sentimientos,
El amor
Sin límites.
Que decoraba los
Dinteles del día
Con irisado espectro.

TÚ Y YO

Nos conocimos
Por un hito
Del destino,
Y por un regalo
De la suerte
Nos amamos.
Nuestro hado
Nos señaló
Caminos diferentes;
La distancia
Se interpuso
Entre los dos.
Qué hermoso
Hubiera sido
Poder realizar
Nuestro amor.
Vivir el uno
Para el otro,
Inmolados por el
Anhelo de querernos.
Compartiendo
Los episodios
Enajenando
El tiempo
Ensimismados en el
Espejismo del relente.

AMOR FRUSTRADO

Enjambre de ilusiones
Sello nuestro
Horizonte.
Profundo sentimiento
Que llevamos en el
Alma,
Acompañando el destino;
Dando aliciente
A la inspiración;
Alienando el
Dardo de tu ausencia;
Disipando la
Nostalgia de
No verte;
Dando luz a tu
Recuerdo.
Solo te pido
Reminiscencia del pasado,
Que olvidemos las penas
Y sigamos la ruta del amor.

RAZONES PARA QUERERTE

Me enamoré
De tu altivez,
De tu porte gallardo
Y la mirada halagadora
La ternura
De tus manos
Y el cariño
De los besos.
Los arpegios
De la lira de tu afecto
En la música que me
Obsequiaste
Aún trinan
Embelesantes,
Alegrando el porvenir;
Arrullando el pasaje
Del cariz de las horas,
Resonando en
Mi alma
Con persistencia
Endulzando
Mi existencia;
Mitigando la
Penuria
De tu ausencia;
Irrumpiendo la nostalgia.

ECOS ROMÁNTICOS

TU RECUERDO

Sensitivo y gentil;
Aristocrático;
Romántico y soñador;
Así te vi
En la tarde estival
De un día
Sin sombras.
Desde entonces
Hay luz en mí
Camino;
Anhelos escondidos;
Divagación perenne.
Como olvidar
Tu voz sentimental,
Tu cariñosa devoción,
Tu dulce afecto.
El recuerdo consuela
Mi nostalgia,
Y la emoción
Alienta mi vivir.
Está en la sutil calígine
Que despierta
La iridiscencia de los
Amaneceres.

AÑORANZA

2014

Ayer te vi
Y no pude abrazarte,
Estuve cerca de ti
Y no pude besarte.
Tomaste mis manos
Entre tus manos
Y no pude acariciarte.
Vivimos el embrujo
De un amor imposible,
Que ha trascendido
El tiempo
Y la distancia;
Que entretiene
Las horas de nostalgia,
Y acalla
La frustración.
Se renueva
A cada aurora,
Medita
En las horas del crepúsculo.
Placidez veleidosa
Inusitados caireles
Acompañando
El cristal de las horas
Caireles de esperanza.

AMOR INEXTINGIBLE

Nuestro cariño
Ha quedado en la
Umbría del recuerdo,
Donde palpita
Incesantemente.
En la intimidad
De mis versos,
Donde confronta
La realidad.
Permanecerá
En una gruta
Impoluta,
Como una fuente
De luminosidad
En la cascada
De las horas.
Allí renacerá
Tranquilo y silencioso
Desafiando el olvido;
Rozando la eternidad.

APACIBLE HOGAR

Bullicioso paisaje
Del amor:
Caricias y ternura;
Anhelos, frustraciones;
Girando incesantemente
En la ruleta
De la suerte.
Siguiendo caminos
Intrépidos,
Audaces.
Salvando obstáculos
Ineludibles;
Inmolando la vida;
Venerando la lealtad.
Dos almas
Un solo destino
En el templo
Sagrado del hogar,
Compartiendo la
Alegría y las penurias.
Infundiendo paradigmas
De virtud.

ECOS ROMÁNTICOS

AMOR AUSENTE

Dos idealistas
Errabundos, inciertos
Siguiendo estigmas
De la suerte
Por la senda de la realidad
Unidos por un
Amor imposible.
Quisieran cambiar
El rumbo del destino,
Pero designios inclementes
Se interponen
Entre los dos.
Viven en un
Pedestal de ilusiones;
Sueñan con un
Futuro embelesante,
Colmado de dicha,
Ensimismado.
Veneran el amor
En el pensamiento
Mientras las almas
Se inmolan
Por la ausencia.
Hincados en la lealtad
De las promesas.

ENCUENTRO FELIZ

Te encontré
En un día soleado,
Sin sombras.
Desde entonces eres
Alegría que comparte
Las auroras
El auge del presente
La ilusión del futuro.
Hemos recorrido
Caminos tortuosos,
Pero tú recuerdo
Ha sido el lenitivo
Que alivia
Los penares
De las horas aciagas.
Gracias por hacer
Que brille
La confianza en
Mi destino,
Que se ilumine
Mi horizonte.
Con perdurable
Anhelo de ensoñación.

MIS VERSOS

Dime si has guardado
Los versos que te envié.
Si fueron
Solo una ilusión.
Guárdalos como
Eco de mi cariño,
Y arrúllalos en tu
Existencia.
Repítelos en los
Escollos del destino,
Y lábrales una gruta
En tu memoria.
Confíame si el amor
Que nos unía se esfumo,
Si ocupa un
Nicho en tu alma.
Cuéntame si aun
Piensas en mí
Si la ninfa del olvido
Ha borrado mi recuerdo.
Mi lira entretiene
Arpegios de emoción.

MI AMOR

¿Cómo expresar mi amor?
Si no hay palabras
Que puedan concatenar
Mis sentimientos;
Que puedan
Traducir mi afecto.
No basta decir
Que es tan inmenso
Como el mar;
Sublime como la inmolación;
Impoluto como
Los sueños;
Imperecedero cual
El infinito.
Que conjura
El tiempo
Y la distancia;
Que permanecerá
Atado a mi alma
¡Por una eternidad!
Inmarcesible aliado
De nuestra promesa.

NOS QUISIMOS

Es muy bonito
Pensar en ti,
Saber que alguna vez
Nos amamos;
Que fue el
Hado del destino
Que nos separo.
El recuerdo
Mitiga la frustración,
Y florecerá
En la realidad
De los ensueños.
El dardo
De los años
Ha marchitado
Mi juventud,
Pero no ha
Podido acallar
El sentimiento
Que enaltece el alma.
Ungido con fanales
De idealismo.

ALMAS ERRANTES

Eramos
Dos almas vagarosas
Prosélitos en la elipse
De los sueños
Unidas por el
Mismo ideal.
Nos conocimos
Por un hito del destino,
Y nos amamos
Por designio de Dios.
Atesoramos la felicidad,
Vislumbramos
Un futuro para los dos.
Eximios augurios
Tachonaban nuestra ruta
Mas la sombra
De la incomprensión
Nos separo.
Desde entonces
La nostalgia
Entristece nuestras vidas.
El recuerdo es
Un lenitivo
¡El olvido imposible!

ECOS ROMÁNTICOS

SEPARACIÓN

Estaba Inscrito en
Designio edénico
Que el amor nos
Sorprendiera a la vera
De nuestro camino.
Anhelando quimeras.
Construimos un nicho
Solo para los dos.
La felicidad llamo
A nuestra puerta,
Más ensimismados
Por el arrobamiento,
Paso inadvertida.
Ahora vagamos
Por el mundo lamentando
Una triste separación,
Acíbar
Que lacera la existencia,
Y ensombrece
El futuro.
Porque nos amamos
Con el mismo
Amor de siempre.

OASIS DE AMOR

He recorrido el tiempo
Y la distancia
Vislumbrando
Un amor siempre
Soñado.
Había buscado un
Corazón gemelo
Y lo he encontrado
Escondido en el
Calor de tu piel
Y la ternura
De tus manos.
Aunque es un
Amor imposible,
Lo he esculpido en
Gruta de cristal
De mi memoria.
Desde allí consolara
La pesadumbre
Izara el optimismo.
En astil de esperanza.

ECOS ROMÁNTICOS

LA TERNURA

Floreces en
Corazones bondadosos,
Con tersos pétalos
Brindando solaz.
El amor meció
Tu infancia.
Cual fragancia de
La familia,
Aderezas el idilio
Con enjambres de cariño
Reinas en los hogares;
Unes las almas
Con lazos de afecto.
Despejas las sombras
Con reflejos de luz.
La emoción
Enmarca tu destino;
La sensibilidad
Llama a tus puertas.
Eres presagio de caricias,
Cumulo de sosiego.
Viajas por el mundo
De los ideales
Mitigando
La soledad.

EL AMOR

Dulce almíbar de ilusión,
Oasis de la vida;
Desbordado torrente
Que transita
Por la existencia
Envuelto en manto
De arrobamiento.
Perfuma los destinos
De todos los humanos
Con flores de emoción,
Que enaltecen las almas
Y elevan el espíritu
A los confines
De los ideales.
Inmolado en el respeto
Y el juramento
De lealtad;
Se entroniza en los hogares
Destellando en las familias
Como aurora que brilla
Eternamente.
Céfiro que mistifica
La nave
De la realidad.

ECOS ROMÁNTICOS

NUESTRO DESTINO

Pasajeros de
Un mismo destino
Iluminado con
Auroras de luz,
Que dieron comienzo
A nuestro amor.
Desde que nos conocimos
Brilla la ilusión.
Doquiera que
Estamos nos acompaña
El recuerdo.
Divagamos por el
Mundo
Recorriendo serpentinas
Edénicas
Ligados por un
Profundo cariño;
Esencia de la vida,
Mecida por el
Anhelo de querernos
Bajo el destello
De la devoción.

MI JARDÍN

Con tu mirada
Brotan flores
De ilusión.
Son la primavera
De mi jardín.
Se mantienen
Frescas con
Los cuidados
De la ternura
De mi alma.
En los pétalos
Está inscrito
Tu nombre.
En cada capullo
Renace mi
Amor por ti.
Los colores reflejan
Irídeas dicroicas
En el vitral
De tu recuerdo
Que obsesiona
Mi pensamiento.

TORRENTE DE AMOR

Remembranza del ayer:
Te quise mucho
Y quizá te quiera
Todavía.
Desde que te conocí
Como un torrente
Mis sentimientos
Fluyen,
Circundando mí cariño;
Surcando
Tiempos torrentosos;
Sin dar tregua
A la ilusión.
Con el anhelo
De encontrarte,
Aunque tenga
Que acallar
Mi afecto,
Por el bien de los dos
Y las obligaciones
Del deber.
Que engalana
Nuestros paradigmas.

VERSOS PARA TI

En uno de mis cofres
Que guardo con ternura,
Encontré una esquela
Finamente decorada;
Contenía un poema
Dedicado a ti.
Reflejaba la inmensidad
De mi cariño;
Cada palabra
Desgranaba
Ecos de amor.
Romanza de un
Afecto imposible,
Que como los
Días soleados
Del verano,
Brilla en la fantasia;
Ilumina
La existencia;
Despeja las
Sombras
De la realidad.

ECOS ROMÁNTICOS

AMOR EN VERSOS

Revisando los legados
De mi pluma,
Encontré tu amor
Plasmado en versos.
Sentimientos
Ebullentes en el alma;
Espontanea inspiración;
Intimo anhelo.
Una ilusión
Acrisolada
En la distancia,
Que el tiempo
No ha podido
Acallar.
¡Oh! Gloriosa ansiedad,
Palpita la emoción
Al pronunciar
Tu nombre,
Y brilla una luz
En el horizonte.

BUSCANDO TU RECUERDO

Cual efímera
Es la fantasía:
Un año más
Se ha ido,
Un año más
Escarpando el camino
Para llegar a ti.
Si aun hay sombras
En nuestro destino
No debemos temer,
Aun las hojas secas
Del invierno
Son signo de bonanza.
En la distancia
Mi amor
Busca tu recuerdo;
Quiere deshacer
La cadena del tiempo
Y acercarse a ti;
Para vivir
El sentimiento que nos une,
Libar la savia de la realidad.

ECOS ROMÁNTICOS

RECORDÁNDOTE

Tu recuerdo
Alegra las horas
De insomnio,
Y acompaña
Las horas tranquilas.
Da calor a los
Días del invierno,
Y refresca
Los días de verano.
Resuena a cada instante
Y en todas
Las vivencias.
Es la brisa
Que impulsa
La diaria rutina;
La luz
Que guía
Caminos convolutos,
E ilumina
La senda de los sueños.
Que conduce a
Idílico pedestal.

NOSTALGIA DE TU AMOR

Me abruma
La nostalgia
De tus besos;
Me entristece
La ausencia
De tu amor.
Eramos tan felices
Viviendo el uno
Para el otro
En el idilico
Paraíso del ensueño
Fue el hado
Del destino
Que nos separo.
La distancia amaino
Los sentimientos,
Y la esperanza
Sucumbió con el tiempo.
Ahora te envío
La ternura
De mi amor
En versos.

ECOS ROMÁNTICOS

VENTURA DE AMOR

Eramos dos almas
Atadas por una
Misma ilusión,
Y por la ventura
De un amor
Sin igual.
En el horizonte
Brillaba
La esperanza.
La mirada
Estaba fija
En una existencia ideal
Encandecía la pleitesía
En el ánfora de devoción.
Desafiando juntos
Los escollos
Del porvenir;
Despertando
Las sorpresas
Que sonreían,
En los eslabones
Del destino.

LA DISTANCIA

Pensando en ti,
Estas muy lejos
Para expresar
Mi amor
Como quisiera.
Para mirarme
En tus ojos
Y acariciar tus manos.
Dejarte saber
De mi profundo anhelo,
Que divaga
Por la ruta
De mi destino,
Como ave soñadora
Extendiendo sus alas;
Surcando la distancia;
Evadiendo la nostalgia
De tu ausencia;
Portando
Mi sentimiento
Orlado en versos.

ECOS ROMÁNTICOS

PROMESA POR CORREO

Ha llegado
El Email
Adornado con una
Promesa de amor;
Que halaga
El futuro
Y señala
Con visos de luz
El horizonte.
Hace tiempo
Que el alma
Ha sellado
La ruta acicalada
Con una ilusión;
Que gira impoluta
Al compas
De las horas;
Que sueña
Y que suspira
Con un compañero ideal.

EL VERANO

Se acerca
El solsticio
De verano,
Trayendo sonrisas
Y alegría.
¿Recuerdas que jugamos
En la playa
Acariciando la espuma
Y haciendo castillos
En la arena?
Estas lejos de mí,
Pero mi alma
Se acerca a ti
En la espiral
De las rutinas.
En los amaneceres
Pensativos;
Las horas titilantes;
Las promesas anhelantes;
El eslabón del día;
Las noches taciturnas;
El vórtice de los sueños.

AMOR ENTRETENIDO

Se va el amor
Como se van las olas
Dejando en el misterio
De la espuma
Burbujas de melancolía.
Quisiera estar contigo
Rodeada del embeleso del amor.
Quisiera estar contigo
Para contar mis cuitas,
Y expresar la lealtad
De mi cariño.
Vuela mi pensamiento
Cerca a tu lado,
En todas las rondas de los días;
Escalando la cúspide
Del optimismo.
Y permanece atado a tu recuerdo,
En el circadiano
Ritmo de las horas.
Estos son los versos
Que escribe la nostalgia
En el rincón vacio de mis sueños.

AMÁNDOTE SIEMPRE

Esta mi amor
Siempre fresco
Y perfumado
En el jardín florido
De mis sueños.
Con el paso del tiempo
Se Invigora tu imagen
En el recuerdo.
Han transcurrido
Muchos años
Pero mi corazón
No dejara de amarte.
Eres un rayo de luz
En mi camino
Que disipa
Las sombras
De tu ausencia.
Espero algún día
Encontrarte;
Como en el pasado
Acallare mi amor.

ECOS ROMÁNTICOS

LOS DOS

Contemplábamos juntos
Retazos del paisaje;
Allá en lontananza
El sol desvanecía.
La mirada en tus ojos
Testigo de mi anhelo
Iluminaba el dulce
Vibrar de la esperanza.
Tantos proyectos
En perspectiva;
Tantos sueños
Por realizar.
Divagaban las ilusiones
En nuestra ruta
Como aves
Surcando el infinito.
El destino fue infiel
A nuestros sentimientos,
Y quedaron divagando
¡En el vacío!
Lejos de la realidad.

Washington, 1990

NUESTRO DESTINO

Érase una vez
Una pareja de
Enamorados;
El amor brillaba
Como el sol,
E iluminaba el
Sendero.
Sentimiento eterno,
Alegría de vivir.
El destino los
Separo y
Vivieron unidos
En el recuerdo.
¿Por qué no pudimos
Ser felices?
Si tanto amor
Enlazaba nuestras vidas;
Si compartíamos
Los mismos sueños
Y anhelábamos
Un mismo futuro.

ECOS ROMÁNTICOS

ENLACE

Inspirados por el
Amor
Unen los destinos,
Por el bien
De los dos
Y la felicidad
Del futuro.
Brillantez horizontes
Iluminan la senda
Adornada con
Flores de ilusión.
Alegre pasaje
De la vida
Impulsado por
El anhelo
De quererse.
Brotaran
Frescos capullos
Que serán
Esperanza
De la vida
Y adornaran
Los jardines del
Hogar...

AMOR DISTANTE

Érase una vez
Una pareja
De enamorados
Separados por
La distancia.
Vivian el uno
Para el otro
Y soñaban con
Estar siempre
Unidos.
Fue una ilusión
Exultando la
Adolescencia.
Desde entonces
Divagan por el mundo
Amándose,
Por el bien
De los dos.
Mas el esquivo
Destino los alejo
Desdeñando las
Esperanzas
Coartando el vuelo
De su empírica travesía.
El esquivo destino
Cubrió con pesadumbre
Su horizonte.

ECOS ROMÁNTICOS

EXTRAÑÁNDOTE

Cruzaste por
Mi vida para
Alegrar los sueños,
Desde entonces
Eres parte
De mi alma.
Han pasado los años
Siguiendo las huellas
De tu destino,
Anhelando tú
Cariño;
Esperando
Conquistar la distancia
Para expresar
Mi amor;
El sentimiento
Que invade
Mi existencia.
Que guía mi odisea
Motivando ideales
Como estrella satélite
En el paisaje sideral
De fugitivas promesas.

HISTORIA DE UN AMOR

Tenía trece años,
Era una adolescente
Cuando te conocí.
Desde entonces adornas
El portal de mis sueños
Iluminando mí
Pensamiento.
El destino nos separo
Y volvimos a encontrarnos.
Nos obsequio la suerte
Un noviazgo fugaz.
Tejimos un dechado
De ilusiones
E inmolamos
Nuestros sentimientos.
Aun recuerdo
El día que partiste;
Era un día umbrío,
Y mi alma
Estaba inundada
De tristeza.
Así quedo truncada
La historia
De nuestro amor
En páginas imborrables.

ECOS ROMÁNTICOS

BONITO AMOR

Qué bonito
Es estar enamorada,
Soñar con
Una ilusión
Atada al tiempo,
Como a la
Nieve
La blancura;
Como a las
Flores
El color.
Ocupar
El pensamiento
Con el recuerdo
De un ser amado,
Que acompaña
La existencia
En el desfile
De las horas;
Alegra el ocaso,
Despierta las auroras.
Como faro
Iluminando el dia.

ILUSIÓN PERENNE

Soy la novia
De una ilusión
Que vive
En el recuerdo
Y sueña
En la distancia.
Floreció
En la adolescencia
Y ha seguido
La ruta
De mi vida.
Como pétalos
Se une a
Mi destino
Y alienta
El divagar
De la clepsidra.
Desgranando
Perlas
De emoción,
Decorando
La nostalgia.

ECOS ROMÁNTICOS

RUTA DE TU AMOR

Había buscado
Un corazón gemelo
Y lo he encontrado
Escondido en el
Calor de tu piel
Y la ternura
De tus manos
He cruzado caminos
De intensos desafíos,
He seguido
La ruta de tu amor.
Recorrido las huellas
De tu recuerdo.
Pero debí dejarte
Porque no podía
Darte la felicidad
Que tú soñabas.
He cruzado
Cielos tormentosos
He surcado mares
De intensos desafios.
Si aun hay sombras
En nuestro destino
No debemos
Temer
Aun las hojas volátiles
Del invierno
Son signo
De bonanza.

MENSAJE DE AMOR

Eres el portador
De una ilusión;
Compañero
De mi pensamiento;
Poseedor
De mis sueños.
Hay una luz
Vibrando
En el horizonte,
Que guía mis pasos.
Desde que
Te conocí,
Ha despejado
Las sombras
Que cobijan
Mi destino;
Da brillo
Al presente,
Palpita en el
Porvenir.
Trascenderá la fimbria
De mis anhelos.

ECOS ROMÁNTICOS

PROMESA DE AMOR

En un día
Como este,
acogedor y sereno;
El sol
Remontaba las montañas,
La brisa entonaba
Himnos de paz.
Guirnaldas
De esperanzas
Alegraban
Los corazones;
Las promesas
Iniciaban la ronda.
Una pareja
Hacia votos
De amor eterno.
Frescas ilusiones
Decoraban
La senda.
Incognito destino
Esperaba
En el horizonte
Destellando augurios.
De felicidad.
Lumbre de ensueño
Reflejaba cual
Aurora lisonjera.

AYER LEJANO

No dejare de amarte,
Bajo el rubio sol
De días sin ocaso,
Divaga mi pensamiento
Hasta encontrarte,
Y en el embrujo
De éxtasis floridos
Mis labios se posan
En tu frente.
Palpita la emoción;
Encadenada mi alma
Suspira y recuerda
Los instantes memorables
Que nos ato el amor.
Nos separan
El tiempo
Y la distancia
Pero hay lazos
Imborrables
Que perduraran
Con aromas
De eternidad.

ECOS ROMÁNTICOS

LA ROSA

Bella flor
Que brotaste
De la arcilla
Vestida de color.
Adornas el jardín
Con alegría
Y decoras el tallo
Con donaire.
Atraes el colibrí
Con tu ropaje,
Sacias su sed
Con delicioso
Néctar.
Tú delicada aroma
Es emblema
De alabanza;
Testigo del
Juramento de los
Novios.
Realzas las
Promesas de lealtad,
Y das brillo
A la senda del amor.

ACOMPAÑAS MI DESTINO

Guarda mis versos
Como testimonio
De mi amor,
Que brota en
Mi alma
Y es rubricado
En el pensamiento.
Sentimiento
Transparente
Como el cristal;
Emotivo
Como gotas
De lluvia;
Convoluto
Semejando copos
De nieve.
Deja que te
Acompañe
Doquiera que
Vayas,
Porque a
Todo momento
Yo estoy pensando
En ti
Extrañando tu donaire.

ECOS ROMÁNTICOS

TE NECESITO

¡Ven!....¡Ven!
Ven a soñar conmigo,
A descifrar
El predestinado futuro;
A recordar
Las horas
Que juntos compartimos.
Necesito tu cariño,
La recompensa
De tus caricias;
Escuchar de tus
Labios
Que me quieres
Todavía.
Que el sentimiento
Que nos une
Perdurará
Por siempre;
Que este amor
Será eterno
Como el infinito,
Y brillará
Perennemente
En nuestra
Senda.

FLORECE EL AMOR

¡Espera!......¡Espera!
El amor por ti
Ha florecido
En mi alma.
Tiene color de
Primavera y
Aroma de romance.
Mira el cielo
Y contempla
El futuro con
Altivez.
Permanecerá fresco
Y luciente
Por una eternidad.
Lo contemplare
Todos los días
Como rosa
Galante;
Y besare los pétalos
Con devoción.
Extraño tus caricias
Y el eco de tu voz.

ECOS ROMÁNTICOS

RECORDÁNDOTE SIEMPRE

Llevo en mi alma
La huella de
Tu amor.
En la que
Vibra la
Estela de tu
Recuerdo;
Con una luz
Que no se
Extingue.
Harmonía que
Embelesa mis
Sentimientos,
Arrulla mi
Vivir.
Con halito de
Aroma fresca,
Que da auge
A mi barca.
Dadiva de tu
Generosa devoción.
Aliado de las horas
En el divagar
Del pensamiento.

MI SUEÑO

Tuve un
Bonito sueño,
Departíamos
Bajo la luz
De la luna.
Tus labios susurraban
Palabras de amor.
Estabas muy
Cerca de mí;
Las manos
Entrelazadas,
Un amor infinito
Nos unía.
Desperté,
Mis brazos
Se aferraban
A tu imagen.
Mis pensamientos
Seguían tus pasos,
Que resonaban
En el vacío.

TUS BESOS

Los besos de ilusión
Que me obsequio
Tu amor
Han quedado
Grabados en mi ser,
Como testimonio
De nuestra
Profunda inmolación.
Los llevo en el
Alma
Y alegran
Mi destino.
Palpitan en la
Rutina de los
Días, y en el
Delirio
De las noches.
Divagan en él
La emoción
Como sueños
Atados,
En berlinas
Viajeras de
Ignota alegoría.
Acariciados por la
Brisa que inadvertida
Surcaba nuestra vera.

NUESTRO DESTINO

Érase una vez
Una pareja de
Enamorados;
El amor brillaba
Como el sol
E iluminaba
El sendero.
Sentimiento eterno,
Alegría de vivir.
El destino los
Separó, aunque
Vivieron unidos
En el recuerdo.
¿Por qué no pudimos
Ser felices?
¿Si tanto amor
Enlazaba nuestras vidas,
Si compartíamos
Los mismos sueños
Y anhelábamos
Un mismo futuro?